BEI GRIN MACHT SICH IHR WISSEN BEZAHLT

- Wir veröffentlichen Ihre Hausarbeit,
  Bachelor- und Masterarbeit

- Ihr eigenes eBook und Buch -
  weltweit in allen wichtigen Shops

- Verdienen Sie an jedem Verkauf

Jetzt bei www.GRIN.com hochladen
und kostenlos publizieren

Bibliografische Information der Deutschen Nationalbibliothek:

Die Deutsche Bibliothek verzeichnet diese Publikation in der Deutschen National-
bibliografie; detaillierte bibliografische Daten sind im Internet über http://dnb.d-
nb.de/ abrufbar.

Impressum:

Copyright © 2017 GRIN Verlag, Open Publishing GmbH
Druck und Bindung: Books on Demand GmbH, Norderstedt Germany
ISBN: 9783668573499

Dieses Buch bei GRIN:

http://www.grin.com/de/e-book/380827/prozessoptimierung-in-der-it-infrastructure-
library-continual-service

Alexander Schmitt

Prozessoptimierung in der IT Infrastructure Library. Continual Service Improvement durch Kennzahlen des IT-Controlling

GRIN Verlag

GRIN - Your knowledge has value

Der GRIN Verlag publiziert seit 1998 wissenschaftliche Arbeiten von Studenten, Hochschullehrern und anderen Akademikern als eBook und gedrucktes Buch. Die Verlagswebsite www.grin.com ist die ideale Plattform zur Veröffentlichung von Hausarbeiten, Abschlussarbeiten, wissenschaftlichen Aufsätzen, Dissertationen und Fachbüchern.

Besuchen Sie uns im Internet:

http://www.grin.com/

http://www.facebook.com/grincom

http://www.twitter.com/grin_com

IT-Strategie und Umsetzung

10.11.2017

IT-Controlling – CSI

Prozessoptimierung im ITIL - Continual Service Improvement, durch Kennzahlen des IT-Controlling.

Inhaltsverzeichnis

Abbildungsverzeichnis

Abkürzungsverzeichnis

A

Abb. .... Abbildung

allg. .... allgemeine/r/s

C

CSI .... Continual Service Improvement

I

i.e.S. .... im engeren Sinne

i.w.S. .... im weiteren Sinne

IT .... Informationstechnologie

ITIL .... IT Information Library

ITSM .... IT-Service Management

P

PDCA .... Plan - Do - Check - Act

R

ROI .... Return on Investment

S

sog. .... sogenannte/n/r/s

Assignmentthema

„Für eine Optimierung der Prozesse ist die Qualität der Prozesse mittels passender Kennzahlen zu bewerten. Das IT-Controlling liefert dabei für das IT-Management eine Reihe verwertbarer Zahlen.

Wie kann nun mit Kennzahlen aus dem IT-Controlling das Continual Service Improvement von ITIL unterstützt werden?"

1. Einleitung

1.1. Problemstellung

Die Organisation der IT-Services hat in den letzten Jahren einen Wandel, vom reinen Technologielieferanten zu einem essentiellen Baustein der unternehmensweiten Prozesslandkarte, durchgemacht. Die IT-Serviceorganisationen tragen somit maßgeblich zum Unternehmenserfolg bei und nehmen mittlerweile die Rolle eines strategischen Partners der einzelnen Geschäftsbereiche ein.[1] Viele Unternehmen bedienen sich dabei an etablierten Best-Practice Methoden wie ITIL. ITIL ist eine in den 80er Jahren, von der englischen Regierungsbehörde Computing and Telecommunications Agency, entwickelte Sammlung von Best- bzw. Good-Practice Ansätzen, welche entscheidende Prozesse, Begriffe und Rollen für das IT-Servicemanagement beinhalten.[2] Diese sind aufgeteilt in die fünf Sammlungen von Publikationen, welche zusammen den Servicelebenszyklus nach ITIL beinhalten. Die, in den Publikationen enthaltenen, Funktionen sind gegliedert in Servicestrategie, Servicedesign, Serviceentwicklung, Servicebetrieb und in die in dieser Arbeit behandelte Phase des Servicelebenszyklus - die kontinuierliche Serviceverbesserung. In englischer Originalsprache wird diese als Continual Service Improvement, kurz CSI, bezeichnet.[3] Die Grundlage der kontinuierlichen Serviceverbesserung bilden aus dem Regelbetrieb abgeschöpfte Informationen. Durch sie lassen sich die Maßnahmen zur Effizienz- und Effektivitätssteigerung bei definierten Prozessen und Aktivitäten realisieren.[4] Das IT-Controlling liefert dabei Kennzahlen, welche dazu dienen, IT-Bereiche oder Services und deren erbrachte Leistungen beurteilen zu können. Die Frage die sich dabei stellt ist, wie die im IT-Controlling genutzten Kennzahlen, im CSI des Servicemanagements nach ITIL, zur Prozessverbesserung eingesetzt werden können.[5]

1.2. Zielsetzung

Das Ziel der Arbeit ist es zu beleuchten, wie Kennzahlen des IT-Controllings im CSI nach ITIL Anwendung finden und dabei unterstützend wirken können. Zunächst wird dabei auf die theoretischen Grundlagen des Themenkomplexes eingegangen, mit deren Hilfe eine Einschätzung, über den Einsatz von IT-Controlling Kennzahlen, zur Prozessoptimierung im CSI, erfolgen soll.

---

[1] Vgl. Samhammer (2017), online abgerufen am 28.10.2017
[2] Vgl. Wittbecker (2016), online abgerufen am 28.10.2017
[3] Vgl. Rouse (2014), online abgerufen am 28.10.2017
[4] Vgl. Beims, Ziegenbein (2015), S. 58
[5] Vgl. Gadatsch, Maier (2014), S. 184

2. Theoretische Grundlagen

2.1. ITIL

Das IT-Service-Management, kurz ITSM umfasst sämtliche Maßnahmen und Methoden, die für eine optimale Unterstützung allgemeiner Geschäftsprozesse durch die IT-Organisation notwendig sind. Um diese unterstützende Rolle optimal zu erfüllen, gibt es verschiedene Methoden und Ansätze. Eine davon ist ITIL.[6] ITIL, das Akronym für Information Technology Infrastructure Library, wurde in seiner Urform in den 1980er Jahren, von der britischen Regierungsbehörde Central Computer and Telecommunications Agency (CCTA), entwickelt.[7] ITIL ist eine Sammlung von Best- bzw. Good-Practice Ansätzen im IT-Servicemanagement, welche Regeln zur Aufbau- und Ablauforganisation sowie die benötigten Werkzeuge beschreibt. ITIL ist mittlerweile ein De-Facto-Standard, auf den sich Personen zertifizieren können. Eine Zertifizierung von Unternehmen, auf den Einsatz von IT-Servicemanagement, wird über den ISO 20000 ermöglicht. Es ist grundsätzlich möglich auch ohne ITIL ISO 20000 zu bekommen, wobei man sich in der Praxis häufig nach den ITIL Prozessen ausrichtet.[8] ITIL gibt dabei die Möglichkeit, etablierte Prozesse im Bereich der IT-Organisation verwenden zu können, um an den Erfolgen und Fehlern anderer partizipieren zu können. Jedoch beschreibt ITIL, zur optimalen Serviceprozessgestaltung, was zu tun ist und nicht wie. ITIL kann somit nicht einfach in eine Organisation eingeführt werden. Es spielt eine Rolle, welche Ziele und Anforderungen die Organisation hat, danach bemisst sich in welchem Umfang man die Ansätze aus ITIL etabliert oder an die Unternehmensbedürfnisse angepasst werden. ITIL beschreibt die von der IT bereitgestellten oder unterstützten Geschäfts-prozesse als Services und gibt vor diesem Hintergrund einen organisationalen Rahmen vor. Danach durchlaufen Services den sog. Service Lifecycle. Dieser unterteilt sich in fünf Kern-elemente. Diese bilden die Grundlage für die aus den fünf Büchern bestehende Kernliteratur:

1. Service Strategy (Servicestrategie),
2. Service Design (Servicedesign),
3. Service Transition (Serviceüberführung von Servicedesign zu Service Operation),
4. Service Operation (Servicebetrieb) und
5. Continual Service Improvement (Kontinuierliche Serviceverbesserung).[9]

---

[6] Vgl. Kurzlechner (2017), online abgerufen am 30.10.2017
[7] Vgl. Rouse (2014), online abgerufen am 28.10.2017
[8] Vgl. Kurzlechner (2017), online abgerufen am 30.10.2017
[9] Vgl. Beims, Ziegenbein (2015), S. 11-16

Die Aktivitäten des ITSM sind strukturell im sog. Service-Lifecycle abgebildet. Dieser stellt den organisatorischen Rahmen dar. Anders wie Prozesse, die aufzeigen wie Aktivitäten von statten zu gehen haben, zeigen Strukturen, wie der Service Lifecycle (Abb. 1), im Zusammenhang, wie ein ITSM optimalerweise zu gestalten ist. Jedem der Kernelemente sind verschiedene Rollen und Funktionen zugeordnet, welche im Lebenszyklus eines Service an gegebener Stelle benötigt werden.[10]

Abbildung 1: Service Lifecycle[11]

2.2. CSI und die 7-Schritte Serviceverbesserung

Bei dem **Continual Service Improvement**, dem letzten der fünf Kernelemente aus ITIL, geht es um die kontinuierliche Verbesserung, der in der Organisation verwendeten Services. Er ist organisatorisch, wie in Abb. 1 dargestellt, nicht als letzter Schritt im Lebenszyklus eines Service zu sehen, sondern nimmt eine übergeordnete Rolle, einflussnehmend auf alle Kernbereiche ein. ITIL beschreibt dabei einen 7-Schritte Ansatz zur Serviceverbesserung. Dieser lässt sich an den Deming Cycle adaptieren, nach W. Edward Deming, welcher die Grundlage für alle

kontinuierlichen Verbesserungsprozesse bildet. Der Demingkreis, auch PDCA-Zyklus genannt verfährt zyklisch nach Plan – Do – Check – Act.[12] In diesem Zyklus werden die Daten zu Informationen, Informationen zu Wissen und Wissen zu Weisheit.[13] Ziel ist es, dass der Service Provider, bspw. eine IT-Organisation eines Unternehmens, durch ihre IT-Services, langfristig den Kundenansprüchen gerecht werden kann.[14]

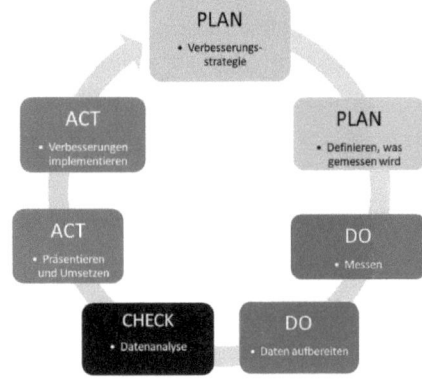

Abbildung 2: 7-Schritte Serviceverbesserung[15]

---

[10] Vgl. Beims, Ziegenbein (2015), S. 15ff
[11] Online abgerufen am 30.10.2017, URL: http://www.neteye-blog.com/wp-content/uploads/2015/11/BPMITIL.png
[12] Vgl. Beims, Ziegenbein (2015), S. 60-66
[13] Vgl. Holl (2013), S.10, online abgerufen am 05.11.2017
[14] Vgl. Beims, Ziegenbein (2015), S. 62
[15] Eigene Darstellung, angelehnt an Beims, Ziegenbein (2015), S. 63

Die Schritte des CSI 7-Schritte-Ansatzes gestalten sich wie folgt.

1. **Identifizierung der Verbesserungsstrategie**, Grundlage: Vision, Geschäftsbedürfnisse, Strategie, taktische Ziele, operative Ziele.

2. **Definieren, was gemessen wird**

3. **Erfassen der Daten**, Grundlage: Wer, wie, wann? Kriterien zur Evaluierung der Integrität von Daten, operative Ziele, Servicemessung.

4. **Verarbeitung der Daten**, Grundlage: Häufigkeit? Format? Tools und Systeme? Genauigkeit?

5. **Analysieren der Informationen und Daten**, Grundlage: Trends? Ziele? Verbesserungen erforderlich?

6. **Präsentieren und Nutzen der Informationen**, Grundlage: Bewertungszusammenfassung, Aktionspläne, etc.

7. **Implementieren der Verbesserungsmaßnahmen**[16]

2.3. IT-Controlling

Das IT-Controlling nimmt im IT-Management eine informationsversorgende Rolle ein, wie das allgemeine Controlling bei der Unternehmensführung, fungiert jedoch als Subsystem, welches als betriebswirtschaftliche Schnittmenge zwischen Controlling und Wirtschaftsinformatik, seine Aufgaben vom allgemeinen Controlling delegiert bekommt.[17] Die Notwendigkeit dieses Vorgehens liegt in der Tatsache, dass das Fachwissen über die IT-Belange, die für das Controlling der IT notwendig sind, wie bspw. IT-Projekte, IT-Prozesse oder IT-Anwendungen, im jeweiligen IT-Fachbereich liegen.[18] Ähnlich wie bei der kontinuierlichen Serviceverbesserung verfährt das Controlling zyklisch im sog. Regelkreis. Die Abfolge aus Planung, Information, Analyse, Steuerung und Kontrolle ergibt einen rollierender Plan-ist-Vergleich. Primär auf Basis der Voll- und Deckungskosten.[19] Das IT-Controlling lässt sich dabei in die Bereiche IT-Portfolio-Controlling (strat. Planung u. Entwicklung der Systemlandschaft), IT-Projekt-Controlling (Informationslieferant zur Projektplanung und Durchführung), IT-Produkt-Controlling (Systembetreuung, Wartung, Weiterentwicklung) und IT-Infrastruktur-Controlling (Koordination der Gesamtarchitektur) einteilen.[20]

---

[16] Vgl. Vernon, Lloyd, Wheeldon, David (2011), S. 45
[17] Vgl. Gadatsch, Mayer (2014), S. 33
[18] Vgl. Marx Gómez, Junker, Odebrecht (2009), S. 23
[19] Vgl. Gadatsch, Mayer (2014), S. 19
[20] Vgl. Klempien (2017), online abgerufen am 02.11.2017

2.4. Kennzahlen und Kennzahlensysteme

Das IT-Controlling umfasst diverse Methoden und Werkzeuge. IT-Kennzahlen sind notwendig um eine zielführende und zeitnahe Steuerung der IT zu ermöglichen. Durch die im Kontext der Kennzahl vorgenommenen Messung oder Monitoring werden Sachverhalte in quantitativer und konzentrierter Form aufgenommen und durch weitere Verarbeitung soweit aufbereitet, dass sie in der Lage sind, greifbare Zustände zu beschreiben. Somit können Kennzahlen ein realistisches Abbild der Realität schaffen, wenngleich nur ein Ausschnitt der komplexen Realität aufgenommen wurde. Durch dieses Vorgehen können Kennzahlen zur Steuerung, Planung und Kontrolle der Informationsverarbeitung genutzt werden.[21] Kennzahlen entsprechen i.w.S quantitativen Informationen, welche, angepasst an die Bedürfnisse des Empfängers, aufbereitet wurden. Diese können Kennzahlen i.e.S. sein, aber auch Indikatoren. Kennzahlen i.e.S. sind jene Messzahlen, bei denen, zur Bildung relativer o. absoluter Zahlen, eine starke Verdichtung vorgenommen wurde. Diese konzentrierten Maßgrößen können dazu verwendet werden, um zahlenmäßig erfassbare Sachverhalte zu erhalten. Das Ziel ist es komplexe betriebliche Gegebenheiten, Strukturen und Prozesse möglichst einfach abzubilden. Wie bei jedem Modell, gehen dadurch Informationen verloren – Die Komplexität der Realität wird auf eine handhabbare, übersichtlichere Darstellung reduziert, um den Überblick behalten zu können und daraus Schlüsse ziehen zu. Bei Indikatoren, Kennzahlen i.w.S., handelt es sich, entgegen den Kennzahlen i.e.S., nicht um quantitative Informationen, welche durch Verdichtung gewonnen wurden. Grob lassen sich Kennzahlen in absolute und relative Kennzahlen unterscheiden. Absolute Kennzahlen (Grundzahlen) zeigen die Menge einer statistischen Masse an. Bspw. Summen o. Mittelwerte, wie die Zahl der Angestellten. Bei relativen Kennzahlen oder Verhältniskennzahlen erfolgt eine Vermessung zweier statistischer Massen. Diese können Bewegungs- oder Bestandsmassen sein (bspw. Auszahlungen o. Liquide Mittel). Die Verhältniszahlen entstehen durch sachlogische Verknüpfung in Form eines Quotienten. Relative Kennzahlen lassen sich nach Art der sach-logischen Beziehung in Gliederungs-, Beziehungs- und Messzahlen (Indexzahlen) unterteilen.[22] Kennzahlen lassen sich in Kennzahlen-systeme gliedern. Als Beispiel dient die Balanced Scorecard. In ihr werden Mission und Vision eines Unternehmens in ein Leistungsmessungssystem überführt und in den Perspektiven Finanzen, Kunde, interne Prozesse und Innovation gemessen.[23]

---

[21] Vgl. Marx Gómez, Junker, Odebrecht (2009), S. 125f
[22] Vgl. Gladen (2014), S. 9ff
[23] Vgl. Kaplan, Norton (1997), S. 2

3. Unterstützung des CSI durch IT-Controlling Kennzahlen

3.1. Verwertbare Kennzahlen für das CSI aus dem IT-Controlling

Um den kontinuierlichen Serviceverbesserungsprozess zu betreiben, ist es notwendig die Leistungen einer IT-Organisation, also nach ITIL die Services die sie anbietet, mit klar definierten Zielen zu versehen und anhand von Kennzahlen die Abweichungen zu messen. Durch das Fortschreiten der Standardisierung der Serviceerbringung, steigt auch die Notwendigkeit, den Erfolg IT-Services zu messen. Das ergibt sich daraus, dass Dinge die man nicht messen kann auch nicht zu steuern sind.[24] Das ITSM verwendet im Bereich CSI verschiedene Kennzahlen, deren Informationen es aus den, im ITIL-Servicelifecycle und den übrigen Kernbereichen bezieht. Diese Kennzahlen variieren, je nach Kerngebiet und können verschiedene Ausprägungen annehmen. Kennzahlen können aus allen, in den Kernbereichen angesiedelten Rollen und Funktionen abgeschöpften, Informationen hervorgehen.[25] Bspw. für die in den Bereichen anfallenden Finanzkennzahlen kann das IT-Controlling Informationen liefern. Das IT-Controlling verfügt über ein breites Spektrum an Kennzahlen, die für den kontinuierlichen Serviceverbesserungsprozess verwendet werden können. Ich werde die Kennzahlen in dieser Arbeit auf jene mit einem monetären Hintergrund beschränken, um das IT-Controlling als Subsystem des allg. Controlling und Disziplin der Betriebswirtschaft abzugrenzen. Kennzahlen für das IT-Servicemanagement, mit einem betriebswirtschaftlichen oder monetären Hintergrund, also jene die dem IT-Controlling als zuständige IT-Management Disziplin zuzuordnen sind, können aus den Daten einiger, der in den fünf Kernelementen des ITIL-Servicelifecycles vorhandenen, Funktionen geschaffen werden. Als Beispiel:

1. **Service Strategy**: Financial Management - „Deckungsbeitrag je Service"

2. **Service Design:** Risk Management - „Folgekosten eingetretener bekannter Risiken"

3. **Service Transition:** Change Management – „Kostenreduktion durch Changes"

4. **Service Operation:** Incident Management – „Gesamtaufwand für das Incident Management"

5. **CSI:** Improvement Management – „Gesamtaufwand für das Improvement Management"

Diese Kennzahlen können zur Steuerung der Funktionen und Prozesse des ITIL-ITSM verwendet werden. Die Kennzahlen müssen die maßgeblichen Erfolgsfaktoren und Ziele des gemessenen Prozesses adressieren. Eine Anpassung der Kennzahlen erfolgt unternehmensspezifisch.

---

[24] Vgl. Beims, Ziegenbein (2015), S. 197
[25] Vgl. Abel (2016), abgerufen am 02.11.2017

Bspw. nach der inhaltlichen Ausprägung des ITSM oder der Kritikalität der IT-Services im jeweiligen Unternehmen. Bspw. ob das Unternehmen die Services als Dienstleistung, also direkt an den Umsatz gekoppelt oder als Fachabteilung eines Unternehmens anbietet bzw. bereitstellt.[26] Betrachtet man sich Kennzahlensysteme, wie die Balanced Scorecard, so kommt man zu dem Ergebnis, dass diese das erklärte Finalziel haben, einen finanziellen Erfolg herbeizuführen. Andere Perspektiven, wie die Kundensicht oder interne Geschäftsprozesse sind nötig, um dieses Finalziel zu erreichen. Innerhalb der Prozessperspektive sind nun die Prozesse zu betrachten, die zum Erreichen der Zielerfüllung in der Finanzperspektive notwendig sind. Bspw. die Kostenreduktion durch Changes, als Kennzahl aus dem ITIL-Kernelement Service Transition, der Funktion Change Management. Das Optimieren dieser Prozesse führt somit, durch die kausale Kette der Balanced Scorecard, zu finanziellem Erfolg, in diesem Fall durch die Kostenreduktion des vorangegangenen Change-Prozess.[27] Auf diese Weise können IT-Controlling Kennzahlen zum evaluieren des finanziellen Erfolgs eines Changes genutzt werden.[28] Ein positiver Wert würde die Sinnhaftigkeit des Changes auf monetärer Ebene rechtfertigen und lässt sich an der Stelle direkt mit den Grundsätzen unternehmerischen Handelns vereinbaren, um den betriebswirtschaftlichen Aspekt dieser IT-Controlling Kennzahl zu verdeutlichen. Negative Werte, also eine negative Abweichung zu dem geplanten Wert, sind hingegen Grundlage für eine entsprechende Fehleranalyse.[29] Selbstverständlich sind gerade bei IT-Services oft nicht die monetären Aspekte im Vordergrund. Diese rücken bspw. bei der Erfüllung von Gesetzen und Vorgaben, wie Sicherheits- und Datenschutzrichtlinien in den Hintergrund.[30] Die gewonnenen Kennzahlen können beurteilt und durch entsprechende Ursachenforschung analysiert werden. Zunächst könnte eine Beurteilung der Kennzahlenwerte, bspw. mit Werkzeugen, wie der ROI-Rechnung, selbst stattfinden. Nach dem Feststellen von außerplanmäßigen oder unregelmäßigen Ergebnissen, kann im nächsten Schritt die Diagnose durch die Ursache der vorliegenden Kennzahlenwerte stattfinden. Die Ergebnisse der Analyse und Diagnose der Kennzahlen kann dem IT-Management schließlich als Entscheidungsgrundlage dienen. [31]

---

[26] Vgl. Abel (2016), abgerufen am 02.11.2017
[27] Vgl. Kaplan, Norton (1997), S.92ff
[28] Vgl. Kraus (2016), online abgerufen am 05.11.2017
[29] Vgl. Hihn (2017), online abgerufen am 05.11.2017
[30] Vgl. BSI (2012), S. 34ff, online abgerufen am 05.11.2017
[31] Vgl. Gladen (2014), S. 9ff

3.2. Nutzen der IT-Controlling Kennzahlen im CSI

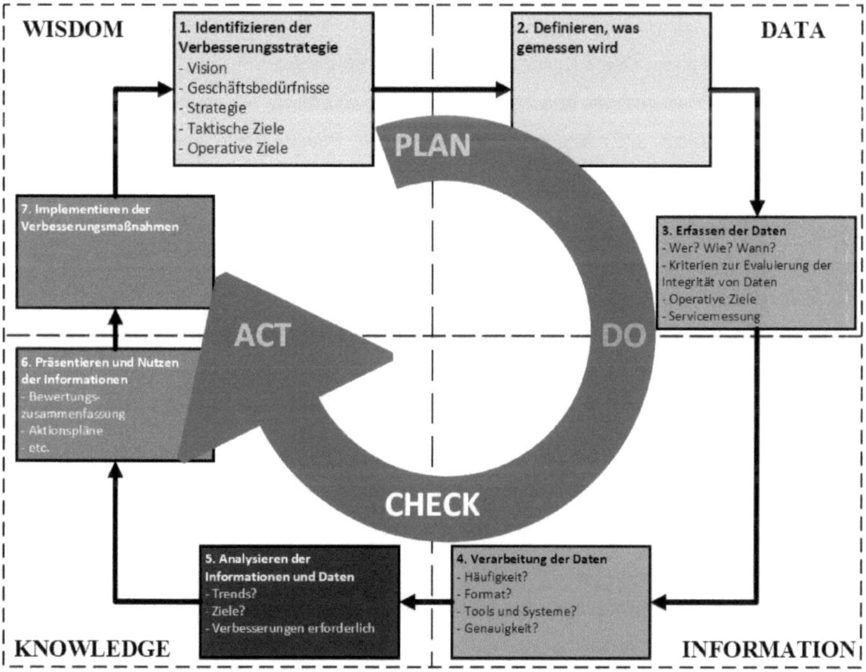

Abbildung 3: 7-Schritte Serviceverbesserung, Deming und DIKW Datentransformation[32]

Anhand der vorliegenden Grafik lassen sich verschiedene Ansätze erkennen. Grundsätzlich zu sehen ist der 7-Schritte Serviceverbesserungsprozess des Continual Service Improvement von ITIL. Dieser verfährt wie in Kapitel 2.2. beschrieben nach dem sog. Demingkreis.[33] Dieser wurde benannt, nach dem Physiker William Edwards Deming und hatte großen Einfluss auf die Bedeutung des Qualitätsmanagements. Danach lassen sich Problemlösungsprozesse zyklisch darstellen, mit den vier aufeinanderfolgenden Elementen Plan, Do, Check und Act. Die Abfolge ist wie folgt beschrieben. PLAN- Analysieren und Erkennen des aktuellen Zustandes sowie die Entwicklung eines neuen Konzeptes; DO- Durchführen bzw. testen und optimieren des neuen Konzeptes; CHECK – Die Resultate der Tests werden analysiert; ACT - Einführen des neuen Konzepts. Der Demingkreis macht dabei bewusst, dass Entscheidungen kontinuierlich überprüft und angepasst werden müssen.[34] Dieses Vorgehen lässt sich adaptiert an dem 7-Schritte

---

[32] Eigene Darstellung, angelehnt an Vernon, Lloyd, Wheeldon, David (2011), S. 45
[33] Vgl. Vernon, Lloyd, Wheeldon, David (2011), S. 45
[34] Vgl. Beims, Ziegenbein (2015), S. 61

Serviceverbesserungsprozess an einem Beispiel darstellen. Bei der Überprüfung einer Kennzahl eines vorliegenden Geschäftsprozesses, wie in Kapitel 3.1. beschrieben, ergäbe sich beispielsweise folgendes Szenario: Durch Kennzahlen des IT-Controllings wurde ein erhöhter Wert im Bereich des Incident-Managements festgestellt. Die vorliegenden Daten weisen einen stetigen Anstieg des Gesamtaufwandes auf. **Schritt 1 (Demingkreis: Plan):** Die Verbesserungsstrategie wird identifiziert. Anhand der vorliegenden Daten ergibt sich die Strategie die Kosten für das Incident-Management zu reduzieren. Diese sind mit Geschäftsbedürfnissen und sonstigen Zielen des Unternehmens zu vereinbaren. Diese Informationen fließen in den **Schritt 2 (Demingkreis: Plan).** Hier wird definiert, was gemessen wird. Vor dem Hintergrund der erhöhten Kosten im Incident-Management könnte man bspw. die Kosten nach Supportgruppen messen, um herauszufinden, ob die Kosten generell steigen oder einzelne Applikationen oder Bereiche dafür verantwortlich gemacht werden. In **Schritt 3 (Demingkreis: Do)** werden die erörterten Daten erfasst. Die Daten sind in diesem Schritt noch als Rohdaten anzusehen, aus denen noch keine Schlüsse gezogen werden können. In **Schritt 4 (Demingkreis: Do)** werden die erfassten Daten nun aufbereitet und entsprechend der gewählten Kennzahlen verarbeitet. Die Analyse der Daten beginnt in **Schritt 5 (Demingkreis: Check).** Hier werden die Fragen nach dem wer, was, wann und wo sowie Trends beantwortet und Auswirkungen aus das Business erkannt. In **Schritt 6 (Demingkreis: Act)** wird das erlangte Wissen präsentiert und die Informationen genutzt. Primärziel ist es, den Adressaten bzw. den Stakeholdern, denen die Daten von Nutzen sein sollen, ein genaues Bild der Situation zu ermöglichen. **Schritt 7 (Demingkreis: Act)** Implementieren der Verbesserungsmaßnahmen würde in diesem Beispiel im nächsten Durchgang erfolgen. In dem nächsten Durchgang wären die Informationen, wieso das Incident Management zu teuer ist, schon gegeben und man misst in den 7 Schritten, ob die Gegensteuerungsmaßnahmen Erfolg hatten.[35] In diesem zyklischen Ablauf, wird die in Abb. 4 veranschaulichte DIKW-Pyramide, an der Stelle adaptiert in den 7-Schritte Serviceverbesserungsprozess, dargestellt. In dem Beispiel lässt sich gut erkennen, wie aus den **Daten** in Schritt 2 und 3 in Schritt 4 Informationen werden. Diese **Informationen** werden in Schritt 5 und 6 in **Wissen** transferiert, um in Schritt 7 zu **Weisheit** zu werden.[36]

Abbildung 4: DIKW Pyramide[37]

---

[35] Vgl. Vernon, Lloyd, Wheeldon, David (2011), S. 44f
[36] Vgl. Holl (2013), S.10, online abgerufen am 05.11.2017
[37] Eigene Darstellung, angelehnt an De Clerck (2016), online abgerufen am 05.11.2017

3.3. Herausforderungen

Kennzahlen und Kennzahlensysteme sind in Unternehmen, auch durch die Verbreitung von ITIL, immer mehr im Fokus, um ITSM-Prozesse besser steuerbar zu machen. Kennzahlen werden von vielen Managern als Erfolgsfaktoren für das ITSM angesehen, wobei tatsächlich nur von einem kleinen Teil der Organisationen, ein auf ihren Bedarf angepasstes und zeitgemäßes Kennzahlensystem betrieben wird, wenn überhaupt. Kennzahlensysteme sind im ITSM erfolgskritisch. Der Einsatz von ITIL gestaltet sich demnach, ohne geeignete Kennzahlen im CSI, als schwierig. Die Prozessoptimierung durch Kennzahlen aus ausgelagerten Managementdisziplinen, wie dem IT-Controlling kann nur optimal funktionieren, wenn grundsätzliche Do's und Dont's aus allen, an dem Prozess beteiligten Bereichen eingehalten werden. Mitunter werden die Kennzahlen, die für eine Prozessverbesserung genutzt werden, nicht aus einem direkten Geschäftsbezug abgeleitet. Die IT-Prozesse richten sich nach Anforderungen des Business, weshalb auch, die im ITSM genutzten, Kennzahlen die Ausrichtung haben müssen. Anstelle einer globalen Ausrichtung der Kennzahlenkonzepte besteht die Gefahr diese vorrangig zur internen Qualitätslegitimation zu nutzen.[38] Die globale Sicht wird bspw. in der Darstellung der

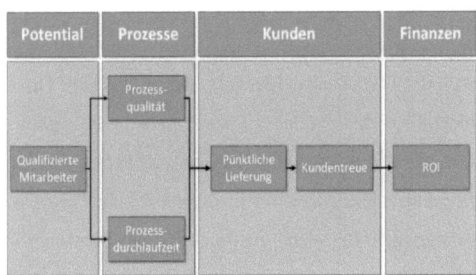

Ursache-Wirkungskette der Balanced Scorecard deutlich, welche das Finalziel des Kennzahlensystems und der darin enthaltenen Prozessoptimierung, im schlussendlichen finanziellen Nutzen sieht.[39]

Abbildung 5: BSC Ursache-Wirkungskette[40]

Weiter kann ein fehlender Austausch mit dem Business über Verbesserungsmöglichkeiten den Gesamtblick auf die Auswirkungen auf den Geschäftsbetrieb einschränken. Dadurch bleiben kritische Erfolgsfaktoren unbekannt. Um einen optimalen Austausch zu gewährleisten und die Verbesserung von ITSM-Prozessen durch Subsysteme, wie dem IT-Controlling erfolgreich zu realisieren, bedarf es Funktionen wie dem CSI-Manager. Dieser hat die Verantwortung inne, an sämtlichen CSI-Aktivitäten, bspw. dem Schaffen einer geeigneten CSI-Vision, beteiligt zu sein.[41] Grundsätzlich jedoch, ist eine optimierte, interne Kommunikation Grundlage für gut

---

[38] Vgl. Schaffry (2012), online abgerufen am 07.11.2017
[39] Vgl. Horvath, Kaufmann,1998, S.39
[40] Eigene Darstellung, angelehnt an Appel, Brauner, Preuss (2002), S.88
[41] Vgl. Vernon, Lloyd, Wheeldon, David (2011), S. 191

funktionierende Prozesse. Die interne Kommunikation, ob formell oder informell, soll auf die Unternehmensziele ausgerichtet sein und dabei helfen diese zu erreichen. Die optimale Kommunikation trägt des Weiteren dazu bei, dass Mitarbeiter die definierten Ziele wahrnehmen und diesen Beachtung schenken. Dies fördert die Akzeptanz bei den betroffenen Mitarbeitern.[42] Um Prozesse im CSI mit Kennzahlen des IT-Controlling verbessern zu können, ist eine gewisse Akzeptanz, seitens der Mitarbeiter in den beteiligten Instanzen essentiell. Um die Mitarbeiter aus ihrem beschränkten Sichtfeld des Arbeitsumfeldes herauszuholen, bietet es sich beispielsweise an, die Vorteile der Gesamtunternehmenssicht aufzuzeigen, was eine Ausrichtung von Kennzahlensystemen zur vorab genannten, internen Qualitätslegitimation entgegenwirkt.[43] Grundsätzlich gilt, dass jeder Mitarbeiter des Service Providers, also der IT-Organisation, die die Services im Konzern oder extern als Dienstleistung anbietet, mitverantwortlich ist, für den kontinuierlichen Serviceverbesserungsprozess. Jeder Mitarbeiter leistet somit einen essentiellen Beitrag zum CSI-Prozess, indem sie aktiv relevante Informationen dafür bereitstellen. Das IT-Controlling, als wichtiger Teil der IT-Organisation, ist somit in der Pflicht, den kontinuierlichen Serviceverbesserungsprozess, durch die aktive Lieferung von Informationen, zu unterstützen.[44]

Die Informationsbeschaffung ist jedoch keineswegs eine Einbahnstraße. Die Herausforderung aus dem CSI besteht darin, die Verfügbarkeit aktueller, valider und vollständiger Daten und Informationen, aus den vorgelagerten Phasen der ITIL-Servicelifecycle, sicherzustellen. Um das zu gewährleisten, ist es wichtig funktionierende Schnittstellen zu allen anderen Prozessen zu schaffen und zu pflegen. Um das zu gewährleisten bietet es sich an, die jeweils verantwortlichen Prozessowner (In der Prozessorganisation für einen Geschäftsprozess verantwortliche Person oder Stelle[45]) für das CSI in die Pflicht zu nehmen.[46] Bei dem Entwickeln und Einsetzen von Kennzahlensystemen kann auch ein gewisser Übereifer bzw. eine Eigendynamik entstehen. Das Resultat ist eine unüberschaubare Flut an unterschiedlichen Kennzahlen, was in einem erhöhten Arbeitsaufwand für Verarbeitung und Analyse der Messgrößen führt, schließlich jedoch nur einen geringen Nutzen für das Business bringt. Die verantwortlichen Manager sollten sich daher auf eine gut zu managende Anzahl von brauchbaren Kennzahlen beschränken. Dies findet ebenso bei Kennzahlen aus dem IT-Controlling Anwendung, die für das CSI genutzt werden sollen.[47]

---

[42] Vgl. Seeger (2016), online abgerufen am 07.11.2017
[43] Vgl. Dittes, Uhrbach, Ahlemann (2005), S.35-38
[44] Vgl. Beims, Ziegenbein (2015), S. 58
[45] Vgl. Schewe (2017, online abgerufen am 08.11.2017
[46] Vgl. Beims, Ziegenbein (2015), S. 66
[47] Vgl. Schaffry (2012), online abgerufen am 07.11.2017

4. Fazit

In der vorliegenden Arbeit wird der Themenkomplex um das Thema Prozessoptimierung durch IT-Controlling Kennzahlen im ITIL-CSI beleuchtet. Zunächst wurden hier die theoretischen Grundlagen von ITIL, der ITIL-Phase CSI und dem darin enthaltenen 7-Schritte Serviceverbesserungsprozess, dem IT-Controlling und Kennzahlen sowie Kennzahlensystemen aufgegriffen. Dabei werden die verschiedenen Regelkreise, wie der ITIL-Servicelifecycle, der 7-Schritte Serviceverbesserungsprozess oder der Demingkreis nähergebracht. Die zyklisch agierenden Ansätze werden in der restlichen Arbeit kombiniert dargestellt, womit eine Sicht der Ansätze im Gesamtkontext entstehen soll. Um zu zeigen wie das IT-Controlling zur Prozessverbesserung im CSI eingesetzt werden kann, wird in Kapitel 3 ein Überblick der aus dem IT-Controlling verwertbaren Kennzahlen geschaffen. Um das IT-Controlling als Subsystem des Controllings und damit als Disziplin der Betriebswirtschaft darzustellen, wird die Auswahl hier auf Finanzkennzahlen beschränkt. Weiter wird beschrieben, wie die definierten Kennzahlen anhand des 7-Schritte Serviceverbesserungsprozess, bei der Prozessverbesserung im CSI eingesetzt werden können. Auch wird hier im Detail aufgegriffen, wie bspw. die Informationstransformation der DIKW-Pyramide in Verbindung mit dem Demingkreis und dem CSI-Prozess in Verbindung steht. Abschließend werden die Herausforderungen herausgearbeitet, welche bei der Nutzung von IT-Controlling Kennzahlen in der CSI Prozessoptimierung entstehen.

Um im IT-Controlling genutzte Kennzahlen, im CSI nach ITIL, zur Prozessverbesserung einzusetzen, sind verschiedene Aspekte zu beachten. Diese Aufgabe stellt beide Organisationen vor verschiedene Herausforderungen. Das CSI-Management als auch das IT-Controlling sind in der Pflicht, zur kontinuierlichen Prozessverbesserung beizutragen. Dass dies gelingt ist bspw. die Auswahl und Verwendung der richtigen Kennzahlen von hoher Bedeutung. Auch die einzelnen Mitarbeiter sind im Prozess der kontinuierlichen Serviceverbesserung gefragt, weshalb das Schaffen von Akzeptanz bei Prozessoptimierungen bzw. Changes eine wichtige Rolle spielt. Optimale Prozesse tragen zum Unternehmenserfolg bei, weshalb die Kommunikation zwischen IT-Controlling und CSI und der gezielte Austausch von Daten, einen Erfolgsfaktor darstellt. Die globale, unternehmensweite Sicht auf die Prozesse und deren Nutzen, ermöglicht eine Form der Optimierung, die Einfluss auf den Gesamterfolg hat. Die Bearbeitung, vor allem mit Blick auf die Auswahl der Kennzahlen und Kennzahlensysteme sowie der Herausforderungen, die im CSI entstehen, konnten in dem kleinen Rahmen der Hausarbeit nur oberflächlich herausgearbeitet werden. Jedoch gewährt die Arbeit einen insgesamt breiten Einblick in die Thematik.

Literaturverzeichnis

Abel, Walter. 2016. itsmprocesses.com: ITIL® 2011 Kennzahlen (Key Performance Indicators) für das IT Service Management. [Online] Dipl.-Ing. Walter Abel Management Consulting, 12. 07 2016. [Zitat vom: 02. 11 2017.] https://www.itsmprocesses.com/wiki/Deutsch/ITIL%20KPI.htm

Appel, D., Brauner, S. und Preuss, P. 2002. Einsatz von SAP Strategic Enterprise Management als IT gestütztesBalanced Scorecard-System. *Information Manage Consult.* 2002, 17(2), S. S. 88-94.

Beims, Martin und Ziegenbein, Michael. 2015. *IT-Servicemanagement in der Praxis mit ITIL: Der Einsatz von ITIL® Edition 2011, ISO/IEC 20000:2011, COBIT®5 und PRINCE2®.* 4., überarbeitete und erweiterte Auflage. München : Carl Hanser Verlag, 2015. ISBN 978-3-446-44137-8.

Bundesamt für Sicherheit und Informationstechnik - BSI. 2012. www.bsi.bund.de - Leitfaden Informationssicherheit – IT-Grundschutz kompakt. [Online] 17. 02 2012. [Zitat vom: 05. 11 2017.] https://www.bsi.bund.de/SharedDocs/Downloads/DE/BSI/Grundschutz/Leitfaden/GS-Leitfaden_pdf.

De Clerck, J. P. 2016. www.i-scoop.de - The DIKW model for knowledge management and data value extraction. [Online] 2016. [Zitat vom: 05. 11 2017.] https://www.i-scoop.eu/big-data-action-value-context/dikw-model/.

Dittes, Sven, Urbach, Nils und Ahlemann, Frederik. 2014. *Wirtschaftsinformatik & Management: IT-Standardisierung - vom Lippenbekenntnis zu nachhaltigem Nutzen.* Heidelberg : Springer-Verlag GmbH, 2014.

Gadatsch, Andreas und Mayer, Elmar. 2014. *Masterkurs IT-Controlling.* 5. Auflage. Wiesbaden : Springer Fachmedien Wiesbaden, 2014. ISBN 978-3-658-01589-3.

Gladen, Werner. 2014. *Performace Measurement: Controlling mit Kennzahlen.* 6. Auflage. Wiesbaden : Springer Fachmedien Wiesbaden, 2014. ISBN 978-3-658-05138-9.

Hihn, Michael. 2017. manager-wiki.com - Die 4 Ebenen unternehmerischen Denkens und Handelns. [Online] 2017. [Zitat vom: 05. 11 2017.] http://www.manager-wiki.com/strategie-grundlagen/85-die-4-ebenen-unternehmerischen-denkens-und-handelns.

Holl, Alfred. 2013. www.in.th-nuernberg.de - Knowledge Management - Wissensmanagement. [Online] 26. 08 2013. [Zitat vom: 05. 11 2017.] https://www.in.th-nuernberg.de/professors/holl/Personal/B_Slides_C_KM.pdf.

Horvath, Peter und Kaufmann, Lutz. 1998. *Harvard Business Manager: Balanced Scorecard - Ein Werkzeug zur Umsetzung von Strategien.* 05/1998. Hamburg : Harvard Business Manager Online, 1998.

Kaplan, Robert S. und Norton, David P. 1997. *Balances Scorecard: Strategien erfolgreich umsetzen.* [Übers.] Peter Horváth, Beatrix Kuhn-Würfel und Claudia Vogelhuber. Stuttgart : Schäffer-Poeschel Verlag, 1997. ISBN 978-3-791012032.

Klempien, Dana. 2017. www.controllingportal.de: IT-Controlling. [Online] reimus.NET GmbH, 22. 08 2017. [Zitat vom: 02. 11 2017.] https://www.controllingportal.de/Fachinfo/Funktional/IT-Controlling.html.

Kraus, Georg. 2016. perspektive-mittelstand.de - Change Management: Den Erfolg Evaluieren. [Online] novo per motio KG, 03. 10 2016. [Zitat vom: 05. 11 2017.] http://www.perspektive-mittelstand.de/Change-Management-Den-Erfolg-von-Change-Projekten-evaluieren/management-wissen/6638.html.

Kurzlechner, Werner. 2017. www.CIO.de - Was ist ITSM - IT Service Management? [Online] IDG Business Media GmbH, 18. 10 2017. [Zitat vom: 30. 10 2017.] https://www.cio.de/a/was-ist-was-bei-itil-und-itsm,3258078,2#.

Marx Gómez, Jorge, Junker, Horst und Stefan, Odebrecht. 2009. *IT-Controlling: Strategien, Werkzeuge, Praxis.* Berlin : Erich Schmidt Verlag, 2009. ISBN: 978-3-503-10391-1.

Rouse, Margaret. 2014. Searchdatacenter.de - Definition ITIL. [Online] TechTarget Germany GmbH, 1. 07 2014. [Zitat vom: 29. 10 2017.] http://www.searchdatacenter.de/definition/Information-Technology-Infrastructure-Library-ITIL.

Samhammer, Norbert. 2017. Samhammer.de - . [Online] Samhammer AG, 10. 29 2017. [Zitat vom: 10. 29 2017.] http://www.samhammer.de/consulting/it-service-management/.

Schaffry, Andreas. 2012. www.cio.de - IT-Service Management_Die 7 schlimmsten KPI-Sünden. [Online] IDG Business Media GmbH, 21. 05 2012. [Zitat vom: 07. 11 2017.] https://www.cio.de/a/die-7-schlimmsten-kpi-suenden,2878633.

Schewe, Gerhard. 2017. Wirtschaftslexikon.gabler.de - Process Owner. [Online] 6, 2017. [Zitat vom: 08. 11 2017.] http://wirtschaftslexikon.gabler.de/Archiv/14494/process-owner-v6.html.

Seeger, Christof. 2016. www.business-wissen.de. [Online] Management-Handbuch > Mitarbeiterführung > Kapitel 131: Kommunizieren als Führungskraft - Wie Sie Informationen im Unternehmen formal und informell weitergeben, b-wise GmbH, 16. 02 2016. [Zitat vom: 07. 11 2017.] https://www.business-wissen.de/hb/wie-sie-informationen-im-unternehmen-formal-und-informell-weitergeben/.

Vernon, Lloyd, Wheeldon, David und Lacy, Shirley, Hanna, Ashley. 2011. *AXELOS Global Best Practice: ITIL® Continual Cervice Improvement.* Ausgabe 2011, dritter Nachdruck 2014. London : TSO, 2011. ISBN 978-0-11-331405-8.

Wittbecker, Thomas. 2016. COMPUTERWOCHE.de: Wieso ITIL für die IT alternativlos ist. [Online] IDG Business Media GmbH, 22. 04 2016. [Zitat vom: 28. 10 2017.] https://www.computerwoche.de/a/wieso-itil-fuer-die-it-alternativlos-ist,3224132.